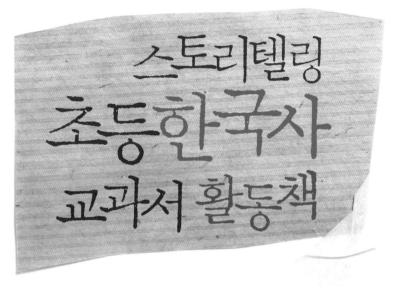

스토리텔링
초등한국사
교과서 활동책

① 선사 시대부터 후삼국 시대까지

이정화 · 김정화 · 최이선 지음
조성덕 · 경혜원 그림

북멘토

나도 스토리텔러가 될 수 있어요

이 책은 『스토리텔링 초등 한국사 교과서』를 바탕으로 초등 5~6학년 한국사 지식을 총정리하는 활동지예요. 이 책과 함께 우리 역사를 느끼고, 곱씹고, 삼키고, 생각하고, 표현해 봐요. 어느새 내 마음속에 살고 있는 역사 이야기꾼을 발견하게 될 거예요.

느끼고
한 장의 그림이 들려주는 역사 이야기

시대별 명장면을 그림 22폭에 담았어요. 활동지를 풀기 전에 가벼운 마음으로 그림을 감상해 보세요.

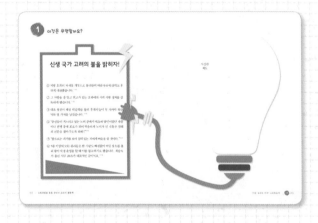

곱씹고
열쇳말로 핵심 쏙쏙

현직 초등학교 선생님이 5~6학년 핵심 역사 지식을 단답형 퀴즈에 담았어요. 문제가 어렵다면 힌트로 적어 둔 쪽수를 『스토리텔링 초등 한국사 교과서』에서 확인하세요. 자연스럽게 복습이 돼요.

삼키고

한눈에 보이는 한국사

구슬이 서 말이라도 꿰어야 보배! 역사가 단편적 지식에 머물지 않게, 큰 흐름과 인과 관계를 느낄 수 있게, 때로는 통사 때로는 주제사를 연표·지도·주사위놀이·퀴즈 속에 녹였어요.

생각하고

내 눈으로 바라보는 역사

혼자 할 때는 논술, 친구·선생님·부모님과 함께할 때는 토론이 되는 역사논술 코너. 막막할 때는 답지 속 '생각열쇠'를 참고하세요. 오랜 시간 초중고 학생들과 함께 공부해 온 현직 논술 선생님이 친절한 길잡이가 되어 줍니다.

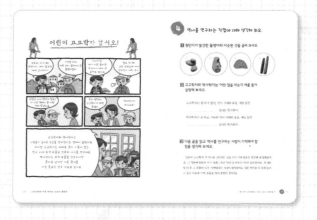

표현하고

내 마음에 담아 내는 역사

역사를 그림일기, 만화, 노래, 지도, 편지의 소재로 활용해 봐요. 나만의 감수성과 자유로운 상상력이 중요해요. 국어·미술·음악·사회 과목이 역사와 만나는 융합 수업 코너랍니다.

차례

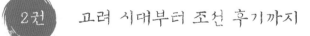

2권 고려 시대부터 조선 후기까지

3권 동학 농민 운동부터 현대까지

1장 |
선사 시대에는
무슨 일이 있었을까

빈칸을 채워 보세요.

❖ 석기 시대에는 ❖

	구석기	신석기
어떤 도구를 사용했나요?	① 석기[12쪽]	② 석기[17쪽]
어디에서 살았나요?	동굴, 바위 밑, 막집	③ [19쪽]
어떻게 먹을 것을 구했나요?	④ 하기, 채집하기[13쪽]	가축 기르기, 물고기 잡기, 농사짓기, 조개 채취
또 어떤 일이 있었나요?	⑤ 의 발견[15쪽]	⑥ 사회[22쪽]

2 이름을 적고 시대별로 나누어 보세요.

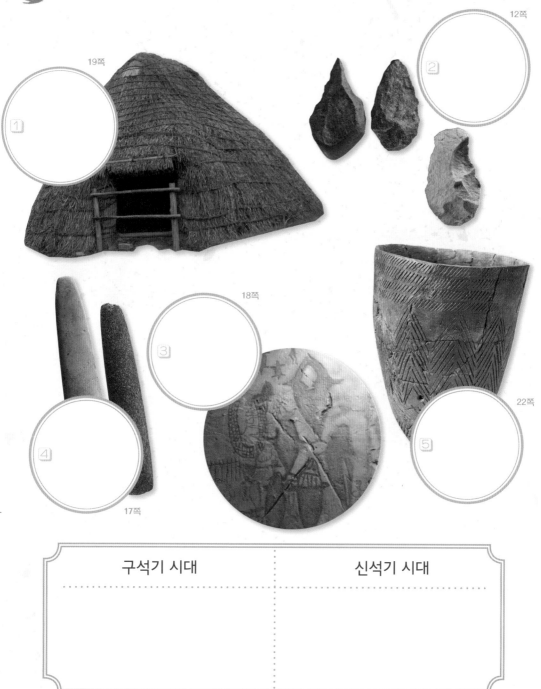

19쪽
①

12쪽
②

18쪽
③

17쪽
④

22쪽
⑤

구석기 시대	신석기 시대

찢어진 쪽지의 반쪽을 찾아 주세요.

구석기 시대 사람들의 삶

13쪽

구석기 시대 사람들은 간단한 도구 외에는 사용할 줄 몰랐어요.

그래서 지혜를 모았습니다. 여럿이 무리를 지어 생활하며 먹을 것은 서로 나누고, 함께 위험에 대비한 것이지요.

14쪽

구석기 시대 사람들은 힘들여 집을 짓지 않고, 자연이 만들어 준 집인 동굴이나 바위를 찾아 살았어요.

그 결과 수명이 늘어났어요.

16쪽

불을 사용하면서 추위를 견뎌 내고 맹수를 물리칠 수 있게 되었어요.

먹을 것을 찾아 부단히 돌아다녀야 했기 때문이지요.

신석기 시대 사람들의 삶

19쪽

포클레인같이 크고 단단한 장비도 없이 돌도끼 같은 도구를 써서 깊이 땅을 파고 움집을 만드는 건 쉽지 않았어요.

왜냐하면 정착 생활을 하며 기르는 가축들로부터 고기, 젖, 털을 얻을 수 있었기 때문이지요.

21쪽

신석기 시대 사람들은 예전보다 사냥을 덜하게 되었어요.

그래도 이런 수고를 마다하지 않은 건, 한곳에 머물러 땅을 돌보며 농사를 짓게 되었기 때문이지요.

23쪽

신석기 시대 사람들은 자연의 변화에 민감했어요. 살아가는 데 필요한 모든 것을 자연으로부터 얻었으니까요.

그래서 자연을 신으로 섬기게 되었지요.

어린이 고고학자 납시오!

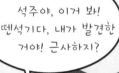

석주야, 이거 봐! 떼석기다, 내가 발견한 거야! 근사하지?

거짓말 마라, 아무 데나 굴러다니는 돌멩이잖아.

아니거든. 여기 다른 돌이랑 부딪쳐서 떼어 낸 흔적도 있다고.

말도 안 돼! 그럼 선생님께 가서 진짜인지 여쭤 보자.

선생님, 이거 떼석기 맞죠? 이 자국 책에서 본 거랑 진짜 똑같아요.

우리 형민이, 고고학자가 되면 좋겠다.

역사학자가 아니고요?

고고학자와 역사학자는
사람들이 살아온 모습을 연구한다는 점에서 닮았어요.
하지만 고고학자는 대체로 문자 기록이 없는
선사 시대 유적·유물로 인류의 자취를 연구해요.
역사학자도 유적·유물을 연구하지만
문자로 남겨진 기록 문서를
가장 중요한 연구 자료로 삼지요.

4 역사를 연구하는 직업에 대해 생각해 봐요.

1 형민이가 발견한 돌멩이와 비슷한 것을 골라 보세요.

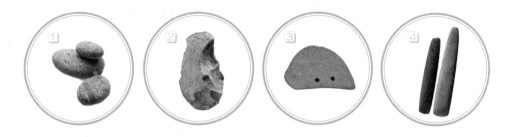

2 고고학자와 역사학자는 어떤 일을 하는지 예를 들어
설명해 보세요.

고고학자는 문자가 없던 선사 시대의 유물, 예를 들면

_____ 을(를) 연구한다.

역사학자는 문자로 기록된 역사 시대의 유물, 예를 들면

_____ 을(를) 연구한다.

3 다음 글을 읽고 역사를 연구하는 사람이 기억해야 할
점을 생각해 보세요.

일본의 고고학자 후지무라 신이치는 일본 석기 시대 유물을 발굴해 유명해졌지
요. 그 덕분에 일본의 석기 시대는 무려 70만 년 전까지 거슬러 올라갔어요. 하지만
몇 년 후 그 유물이 모두 가짜였다는 사실이 밝혀졌어요. 일본 역사를 더 길게 늘이
고 싶은 마음에 가짜 유물을 땅에 묻었던 것이지요.

5 동굴 벽에 그림 일기를 그려 봐요. 구석기 시대
어린이의 하루는 지금과 어떻게 달랐을까요?

신석기 시대 사람들의 생활 모습이에요. 잘못된 부분을 찾고 어떻게 바꿔야 할지 설명해 보세요.

2장 |
청동기 시대,
첫 나라가 열리다

1 이름을 써 보세요.

37쪽
①

28쪽
②

39쪽
③

④

27쪽

39쪽
⑤

⑥

32쪽

27쪽
⑦

2 우리 역사 속 첫 나라를 소개해 보세요.

❖ 다음 단어를 활용해 보세요. ^{33~37쪽}

단군 왕검 　 농업 　 기원전 2333년 　 평양성

――――――― 은 우리 역사 속 첫 나라입니다.

――――――――――――――――――――――

――――――――――――――――――――――

――――――――――――――――――――――

단어를 골라 빈칸을 채워 보세요.

37~39쪽

✖ 고조선의 8조법 ✖

① 사람을 죽인 자를 사형으로 다스린 것으로 보아 <u>생명</u> 을 중시했습니다. 한 사람 한 사람이 지닌   의 가치를 중요하게 생각했기 때문입니다.

② 상처를 입힌 자에게 곡식으로 죄의 대가를 치르게 한 것은 고조선 사회가   을 인정한 사회였음을 짐작하게 하지요.

③ 도둑질한 자를 노비로 삼겠다고 한 것은   차이가 엄격했음을 의미한다고 볼 수 있습니다.

고인돌	세형동검	철제 농기구
청동 거울	평등	사유재산
생명	종교	노동력

4 순서를 바로잡아 보세요.

① ● 33쪽
청동기 시대 여러 부족이 서로 경쟁하면서 하나의 세력으로 통합되어 갔어요.

② ● 40쪽
한나라가 고조선을 공격해 오자 조정이 내분으로 시끄러워졌어요.

③ ● 41쪽
고조선 멸망 후 한나라는 군현 4개를 설치했어요.

④ ● 40쪽
위만이 왕이 된 후 고조선은 더욱 강력해졌어요.

⑤ ● 39쪽
고조선에 철기가 들어왔어요. 준왕은 중국 땅 연나라와 똑같이 왕이라는 칭호를 쓰기 시작했어요.

⑥ ● 39쪽
한나라 사람 위만이 상투를 틀고 조선 옷을 입은 채 준왕을 찾아왔어요.

우리 할아버지는 곰?

동생아, 너 곰의 자손인 거 알아?

아니야, 난 곰 싫어!

싫어도 할 수 없어. 우리나라를 세운 단군 할아버지의 엄마가 곰이야. 그러니까 너도 곰이지.

싫어 싫어!

이 녀석, 오빠가 돼서 동생한테 거짓말하면 되겠어?

맞아, 오빠 거짓말쟁이야!

진짜라니까요. 선생님이 오늘 학교에서 얘기해 줬어요. 곰이 사람이 돼서 단군을 낳았다고. 단군이 고조선을 세웠다고.

잘 들어 봐.
신화는 실제 있었던 일이라고 보기 어려운 부분이 꽤 있어.
하지만 내용이 의미하는 바를 찾아 살펴보면
그 시대의 생활을 어느 정도 파악할 수 있지.
역사학자들은 단군 신화 속 곰과 호랑이가
그 동물을 수호신으로 섬긴 두 부족을 뜻한다고 생각했어.
즉 이 두 부족이 새롭게 나타난 환웅 부족과 대립하고
경쟁하는 과정에서 곰을 숭배하는 부족이
환웅 부족과 합쳐진 것이라고 해석했지.

5 신화에 대해 생각해 봐요.

❖ 내가 아는 신화를 나만의 상상력으로 풀이해 보세요.

신화를 보면 화산, 지진 같은 자연 현상도 신이 다스린다고 해. 옛 사람들은 왜 그런 이야기를 만들었을까?

6 8조법의 나머지 다섯 개 조항을 만들어 보세요.

🏴 법금팔조 🏴

○ 사람을 죽인 자는 즉시 사형에 처한다.

○ 남에게 상처를 입힌 자는 곡식으로 갚는다.

○ 남의 물건을 도둑질한 자는 그 집의 노비로 삼는다.

　만약 죄를 면하려면 50만 전의 돈을 내야 한다.

○

○

○

○

○

내가 신화의 주인공이라면?

1 친구들과 다른 나만의 개성은 무엇인가요?

2 **1**의 내용이 잘 드러나도록 나를 주인공으로 한 신화를 만들어 보세요.

3장 |
철기 시대의 여러 나라
- 연맹 왕국의 등장

우리는 동물 이름을 따서 관직 이름을 붙입니다. 마가, 우가, 저가, 구가라고요. 한편

1

우리나라는 땅이 기름져서 농사가 잘돼요. 해산물도 풍부하지요. 하지만

2

우리나라 사람들은 말 탄 채 활을 잘 쏘요. 그만큼 뛰어난 무예 솜씨로 강한 군사력을 갖추었지요. 그래서

3

10월이 되면 하늘에 제사를 지냅니다. 그리고 '무천'이라는 축제를 벌이지요. 우리도

4

우리나라는 벼농사가 잘됩니다. 땅이 좋은데다 저수지를 만들어서 가뭄에 대비하기 때문이지요. 추수를 마치면

5

1 지도를 보고 질문에 답해 보세요.

1 어느 나라 사람의 말일까요? ☐ 안에 써 보세요.

2 말풍선 빈칸에 어울리는 말을 찾아 번호를 쓰세요.

> ㉠ 특산물인 소금과 생선을 꾸준히 고구려에 바쳐야
> 해요. ^{49쪽}

> ㉡ 10월 계절제를 열어요. 그리고 새봄이 무르익는
> 5월에도 씨를 뿌리며 축제를 하고요. ^{53쪽}

> ㉢ 귀족이 죽으면 노비를 함께 묻는 '순장' 풍습이
> 있어요. ^{46~47쪽}

> ㉣ 동예와 옥저를 공격해서 해산물과 소금을 얻곤
> 해요. ^{48쪽}

> ㉤ 단궁, 과하마, 반어피 같은 특산물을 고구려에
> 바치고 있어요. ^{49쪽}

왕인 듯, 왕 아닌, 왕 같은 왕!

부여

- 나랏일을 결정하는 _____
에 간섭하지 않겠습니다.

- 농사와 목축이 더 번성할 수 있도
록 힘쓰겠습니다.

- 12월에 열리는 _____를 모두
가 함께하는 축제로!

46쪽

고구려의 기상을 떨쳐라!

고구려

- 말타기와 활쏘기를 널리 전파하겠
습니다.

- 농사짓기 어려운 _____과 _____
을 이롭게 이용할 정책을 만들겠습
니다.

- 부여보다 늦게 출발했지만 앞지를
수 있도록 밤낮없이 뛰겠습니다.

47쪽

우리 것을 지켜 내자!

옥저

- 고구려와 협의해 공물로 나가는 소
금과 생선의 양을 줄이겠습니다.

- ____ 를 들일 수 없는 집
에는 별도로 여성 노동력을 지원할
수 있게 정책을 마련하겠습니다.

49쪽

존중의 미덕으로
더불어 살아가리!

동예

- ____ 로 서로 피해 입는 일
이 없도록 부족 간 경계를 확실하
게 표시하는 정책을 마련하겠습
니다.

- 10월에 열리는 ____ 행사를성
대하게 기획하겠습니다.

51쪽

하나되는 백성, 부강한 국가!

삼한

- ____ 유민들과 지역민들이
화합하는 장을 만들겠습니다.

- ____ 수를 늘려 가뭄에 대
비하겠습니다.

- 변한, 진한의 질 좋은 ____ 로 수출
경제 대국을 만들겠습니다.

51~53쪽

내가 만약 철기 시대 사람이라면 어떤 일을 하며
살고 싶은지 상상해 보세요.

4 철기 시대 여러 나라를 소개하는 가사를 붙여 보세요.

기차를 타고

김태호 작곡

김옥순 작사

_____ 작사 (2절)

4장 |
삼국의 탄생과
고대 국가로의 발전

낡고 바랜 역사 편지의 글씨를 완성해 보세요.

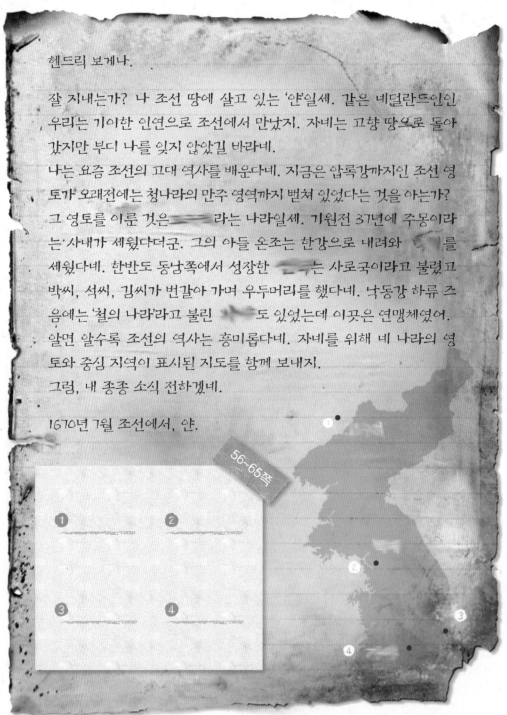

헨드릭 보게나.

잘 지내는가? 나 조선 땅에 살고 있는 '얀'일세. 같은 네덜란드인인 우리는 기이한 인연으로 조선에서 만났지. 자네는 고향 땅으로 돌아 갔지만 부디 나를 잊지 않았길 바라네.

나는 요즘 조선의 고대 역사를 배운다네. 지금은 압록강까지인 조선 영토가 오래전에는 청나라의 만주 영역까지 뻗쳐 있었다는 것을 아는가? 그 영토를 이룬 것은 ▬▬▬ 라는 나라일세. 기원전 37년에 주몽이라는 사내가 세웠다더군. 그의 아들 온조는 한강으로 내려와 ▬▬▬를 세웠다네. 한반도 동남쪽에서 성장한 ▬▬▬는 사로국이라고 불렸고 박씨, 석씨, 김씨가 번갈아 가며 우두머리를 했다네. 낙동강 하류 즈음에는 '철의 나라'라고 불린 ▬▬▬도 있었는데 이곳은 연맹체였어. 알면 알수록 조선의 역사는 흥미롭다네. 자네를 위해 네 나라의 영토와 중심 지역이 표시된 지도를 함께 보내지.

그럼, 내 종종 소식 전하겠네.

1670년 7월 조선에서, 얀.

56~65쪽

1 ▬▬▬▬▬▬▬▬▬

2 ▬▬▬▬▬▬▬▬▬

3 ▬▬▬▬▬▬▬▬▬

4 ▬▬▬▬▬▬▬▬▬

2 나는 누구일까요?

전쟁과 굶주림에 지친
백성들을 돌봐야겠구려.
불교를 받아들여 왕의 권위를
다지고 태학에서 유교를 가르쳐
임금에게 충성하는 인재를
키워야겠소. ^{58쪽}

①

②

귀족 중에 최고의 관리
여섯을 뽑아 좌평에 임명하고
나랏일을 보도록 하겠소. ^{59~60쪽}

③

나라의 이름을 신라로 바꾸고,
나는 마립간이라는 칭호를 버리고
'왕'이라는 칭호를 쓸 것이오. ^{62쪽}

임금님 출생의 비밀

질문에 답해 보세요.

1 고구려, 신라, 가야의 건국 신화는 어떤 점이 닮았나요?

2 왜 비슷한 시기에 세워진 백제는 특별한 건국 신화가 없을까요?

4 한반도의 고대를 장식했던 여러 왕을 돌아봐요.

1 고구려, 백제, 신라, 가야가 발전하는 데 큰 역할을 했던 왕들을 떠올려 보세요.

2 위에서 떠오른 왕 한 명을 골라 그림과 글로 소개해 보세요.

위 사람은 ....의 ....입니다.

5 삼국 시대 한반도를 여행한다면?

▨ _____의 시간 여행 계획서 ▨

◑ 때 :

◑ 곳 :

◑ 목적 :

◑ 준비물 :

◑ 주의 사항 :

5장 |
삼국의 치열한
경쟁과 팽창

1 십자말을 풀어 보세요.

가로 열쇠

① 연개소문은 왕을 살해하고 스스로 최고 벼슬인 이 자리에 올랐어요. ^{90쪽}

② 고구려군이 살수에서 수나라를 상대로 큰 승리를 거둔 싸움이에요. ^{88쪽}

③ 평양으로 향하는 길목에 있던 고구려 성으로 요동성만큼 중요한 역할을 했어요. 당나라는 이곳을 공격하며 높은 토산까지 쌓았지만 고구려는 성을 지켜 냈어요. 성주의 이름은 양만춘이라고 전해져요. ^{90~92쪽}

④ 남다른 바둑 솜씨를 지닌 승려예요. 고구려 첩자로 백제에 들어갔어요. ^{82쪽}

⑤ 삼국 시대 세 나라는 이곳을 차지하기 위해 끊임없이 경쟁했어요. 백제, 고구려, 신라 순으로 이 유역의 주도권을 차지했어요. ^{69, 81, 93~94, 102쪽}

⑥ 신라의 신분 제도인 골품제 중 왕족 계급인 '골'은 이것과 진골로 나뉘어요. ^{98쪽}

세로 열쇠

㉠ '영락'이라는 연호를 사용한 왕이에요. 막강한 군사력을 바탕으로 고구려의 영토 확장에 크게 기여했지요. ^{77쪽}

㉡ 근초고왕이 왜왕에게 선물로 주었다고 전해지는 칼이에요. 칼의 가지가 7개로 뻗어서 이런 이름이 붙었대요. ^{69쪽}

㉢ 선덕 여왕 때 별을 관측하기 위해 설치한 천문 기구예요. 하지만 제사를 지내던 장소라는 설도 있지요. ^{99쪽}

㉣ 백제 왕으로 한강 유역을 되찾기 위해 신라군과 함께 고구려군을 공격했어요. 이 싸움에서 이겨 백제는 한강 하류 지방을 다시 차지했어요. ^{74쪽}

㉤ 가로 열쇠 ②의 무대가 되는 강, 살수의 오늘날 이름이에요. ^{87쪽}

㉥ 도읍을 옮기는 것을 뜻하는 단어예요. ^{81쪽}

② 순서에 맞게 화살표를 그리세요.

근초고왕의 공격에 고구려는 한강 이북 지역, 황해도 대부분을 백제에 내주어야 했습니다. 백제는 근초고왕 때만큼은 한반도의 주인이었습니다.[69쪽]

광개토 대왕은 육군과 수군을 총동원해 백제 도읍 한성에 다다랐습니다. 결국 백제 아신왕은 광개토 대왕 앞에 무릎을 꿇었습니다.[76쪽]

군사 지원을 받으려고 고구려를 찾아간 김춘추는 오히려 옥에 갇힌 신세가 되었습니다. 그러자 김춘추는, '나를 신라로 돌려보내 주면, 우리 임금께 한강을 고구려에 돌려주라 하겠소'라고 약속했습니다.[103쪽]

진평왕은 한강 하류 뱃길을 통해 당나라에 많은 유학생을 보냈습니다. 당나라의 발달된 학문과 기술을 배우면서 신라는 발전을 거듭했습니다.[97쪽]

결국 진흥왕은 백제 땅을 빼앗고 한강의 세 번째 주인이 되었습니다. ^{93~94쪽}

한강 상류를 차지한 신라 진흥왕은 백제가 차지한 한강 하류마저 탐이 났습니다. '저곳을 차지하면, 비옥한 땅과 바다로 나가는 길을 얻게 될 것이다. 중국과도 마음껏 교류할 수 있게 되겠지.' ^{93쪽}

장수왕이 이끈 고구려군은 한성을 쑥대밭으로 만들고 중원 땅에 '중원고구려비'를 세웠습니다. 백제는 수도를 잃고 서해 해상권까지 뺏겼어요. ^{83쪽}

백제 성왕은, 고구려에 빼앗긴 한강 유역을 되찾기 위해 신라와 동맹을 맺기로 결심했습니다. 진흥왕은 '함께 고구려를 공격해 한강을 빼앗자'는 백제의 제안을 흔쾌히 받아들였습니다 ^{74쪽, 92쪽}

누가 누가 잘했나?

근초고왕 때는 백제가 제일 강했네. 고구려를 공격해 평양성을 빼앗았어. 거기에다 동진과 외교 관계도 맺고 수준 높은 문물도 받아들였대.

하지만 백제가 왕위를 놓고 다투고 있을 때 광개토 대왕이 공격해 오자, 아신왕은 고구려에 굴욕적으로 항복했어. 개로왕, 동성왕, 성왕 등 다른 왕들도 고구려를 이기지 못했어.

그래도 무령왕 때는 다시 백제가 안정을 찾았어.

무령왕은 전쟁보다 백성을 보살피는 데 관심을 기울였어. 중국 땅 양나라와 외교도 하고 새로운 문물도 수입했대.

고구려의 광개토 대왕은 땅을 넓혔고, 장수왕은 여러 나라와 외교 관계를 맺었어. 왕권도 강화하고.

하지만 장수왕의 뒤를 이은 문자명왕이 세상을 떠나고 고구려에도 위기가 찾아오지. 왕권이 약해지고 귀족들의 권력 다툼이 심해지자 고구려의 세력이 기울었대.

3 질문에 답해 보세요.

1 전성기를 보낸 왕의 공통점은 무엇인가요?

2 신라의 전성기엔 어떤 왕이 있었는지 말해 보세요.

3 행복한 나라를 만들기 위해 왕이 기억해야 할 점은 무엇일까요?

4 왕들의 별명을 지어 보세요.

❖ 고구려, 백제, 신라 왕 중에서 기억나는 왕 세 명을 골라 각각
   어울리는 별명을 붙여 보세요.

나라 이름, 왕 이름	별명	왜 이런 별명을 붙였나요?

내가 신라의 화랑도 같은 캠프를 만든다면?

❖ 화랑도처럼 각자 능력을 키워 사회에 보탬이 되는 십 대를 위한
   캠프를 만들려고 해요. 모집 광고 포스터를 만들어 보세요.(모집
   대상, 접수 문의처, 캠프의 기간·장소·프로그램 등을 안내해 보세요.)

✖ ─────────── 캠프에 초대합니다 ✖

6장 |
삼국의 불교와
문화

맞는 것에 O, 틀린 것에 X를 표시해 보세요.

불교는 신라 시대 초기부터 귀족들의 찬성을 받아 뿌리를 내렸습니다. 108쪽

☐1

반가사유상은 한쪽 눈만 찡긋 감고 있는 보살상입니다. 110쪽

☐2

왜나라는 삼국 각 나라에 사신을 보내 문화를 받아들였고, 이차돈은 왜나라로 건너가 문물을 전했습니다. 108~112쪽

☐3

왕인 박사는 '오경 박사'라고 불렸으며 석굴암을 건립했습니다. 112쪽

☐4

담징은 고구려가 수나라와의 싸움에서 큰 승리를 거두었다는 소식이 들려오자 금당 벽화를 완성했습니다. 114쪽

☐5

고구려로 건너간 혜자 스님은 쇼토쿠 태자의 제자가 되었습니다. 114쪽

☐6

삼국 시대, 한반도의 문화는 일본 아스카 시대의 불교 문화를 꽃피우는 데 큰 영향을 미쳤습니다. 114쪽

☐7

짝을 지어 보세요.

112쪽

① •

113쪽

② •

117쪽

③ •

신라

돌을 벽돌 모양으로 다듬었다고 해서 '모전석탑'이라고 해요.

고구려

삼국 시대에 한반도에서 일본으로 건너간 사람이 남긴 그림이에요.

백제

삼국 시대에 한반도에서 일본으로 건너간 불상이에요.

순도가 고구려에 처음으로 ☆☆를 알렸어요. 소수림왕은 외국에서 전해 온 이 낯선 종교를 고구려의 새로운 통치 이념으로 받아들였어요. 108쪽

백제는 왜나라에 스님, 또는 불상을 만들 줄 아는 기술자를 보내 ☆☆ 문화를 전파하기도 했어요. 그래서 일본에서는 백제 것과 흡사한 예술품들이 만들어지기도 했지요. 114쪽

법흥왕 때 이차돈이 순교를 한 후 ☆☆는 신라의 통치 이념으로 자리잡았어요. 진흥왕은 후손들의 이름을 ☆☆식으로 짓기도 했어요. 108~109쪽

고구려

동진의 승려 마라난타가 건너와 이를 계기로 ☆☆ 공인

백제

한성

왜나라에 ☆☆전파

부여
정림사(5층석탑)

익산
미륵사(미륵사석탑)

신라

금성
분황사(모전탑)
불국사(석굴암)
황룡사(9층목탑)

→ ☆☆가 삼국으로 유입된 경로

→ ☆☆가 삼국에서 해외로 전파된 경로

왜나라에 ☆☆전파

지도 속 ☆☆은 무엇일까요?

○ 삼국 시대 한반도에 전해진 이 종교는 왕 과 귀족들에게는 새로운 통치 이념으로 큰 역할을 했습니다.

○ 이 종교의 교리를 전하는 승려 계급은 학자 로서 학문을 연구하거나 외교관으로서 다른 나라에 문화를 전하는 등 삼국 발전에 큰 역할을 했습니다.

이 종교는 ＿＿＿＿입니다.

불교 문화의 대표 선수, 불상

불교에서는 누구나 부처가 될 수 있다고 말하지요. 사람은 각각 관심에 따라, 상황에 따라 품게 되는 소망이 다르기 마련이고 그런 바람을 담아낸 불상의 모습도 이처럼 다양해요.

석가여래상: 석가모니는 불교의 창시자예요. 그가 마왕에게 항복을 받아 내고 도에 다다른 순간 땅을 가리키며 "득도한 자의 자리인 이 자리는 내 자리다"라고 했대요. 바로 그때의 모습을 표현한 불상이지요.

비로자나상: 비로자나는 부처의 가르침을 전해요. 손 모양은 부처님 세계와 인간 세계의 진리가 둘이 아니고 하나, 깨달음과 깨닫지 못함도 본래는 하나라는 불교 철학의 의미를 담고 있어요.

약사여래상: 사람들의 온갖 아픔과 고통을 치료해 주는 약사여래는 손에 약이 든 통을 들고 있는 것이 특징이에요.

관음보살상: 관음보살은 자비를 상징하는 보살님이에요. 관음보살상은 손에 감로수가 든 병이나 연꽃을 잡고 있는 경우가 많아요. 머리에는 관을 쓰고 있어요.

*그 밖에도 아미타상, 미륵상, 대세지보살상, 문수보살상, 보현보살상 등이 있어요.

4 내가 불상을 만든다면?

❖ 나만의 불상을 그리고 이름을 붙여 보세요.

◪ _____ 상 ◪

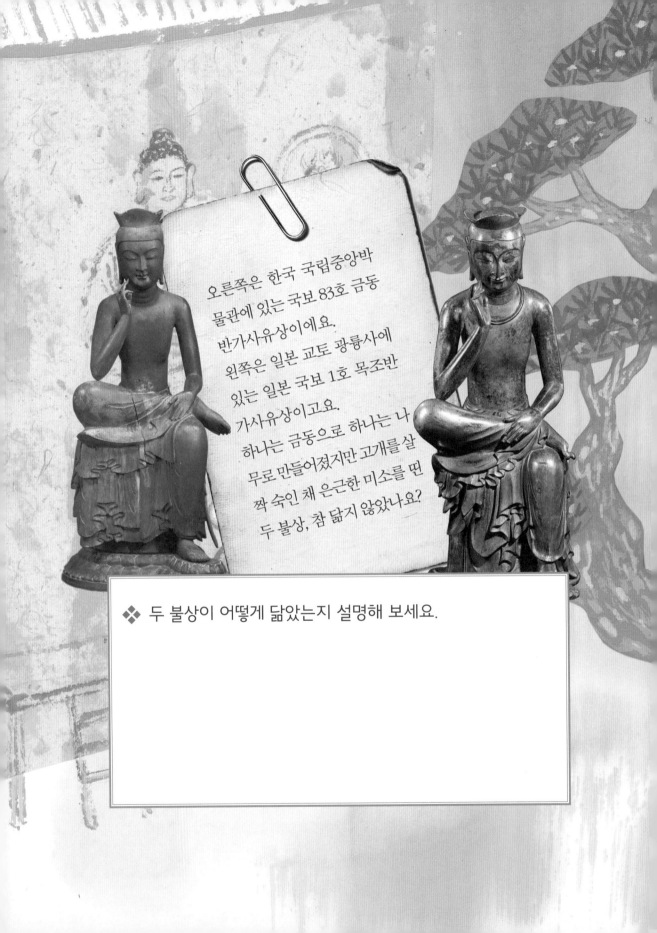

오른쪽은 한국 국립중앙박
물관에 있는 국보 83호 금동
반가사유상이에요.
왼쪽은 일본 교토 광륭사에
있는 일본 국보 1호 목조반
가사유상이고요.
하나는 금동으로 하나는 나
무로 만들어졌지만 고개를 살
짝 숙인 채 은근한 미소를 띤
두 불상, 참 닮지 않았나요?

❖ 두 불상이 어떻게 닮았는지 설명해 보세요.

5 일본인 친구에게 편지를 써 보세요.

똑 닮은 두 불상이 하나는 한국에, 하나는 일본에 있어요. 어떻게 이런
일이 생겼을까요? 일본인 친구에게 내 생각을 편지로 전해 보세요.

바다 건너 일본인 친구에게

7장 |
삼국 통일 전쟁

1 인물 카드 뒷면에 물방울이 떨어졌어요. 지워진
글씨는 무엇일까요?

계백
- - - - - - - - - -
체력 ●●●●●
지력 ●●●●
의지 ●●●●●
행운 ●

5천 군사로 신라군 5만과 싸웠
습니다. 네 번이나 이겼지요.
하지만, 결국 ●●●에서 격전
을 치르고 최후를 맞이했습니
다. 내 몸을 밟고 사비성으로
가는 적의 말발굽에 아프기는
커녕 원통했습니다. 121~122쪽

①

의자왕
- - - - - - - - - -
체력 ●●●
지력 ●●●
의지 ●●
행운

어릴 땐 나도 ●●●●● 라고
인기가 많았어요. 한데 언젠가
부터 관료들이 국고 낭비라는
둥 사사건건 내게 반대하더군
요. 결국 나라를 잃고 난 후에
야, 그들의 직언을 듣지 않은
게 후회됐습니다. 118~120쪽

②

검모잠

체력 ●●●●●
지력 ●●●●●
의지 ●●●●●●
행운 ●●

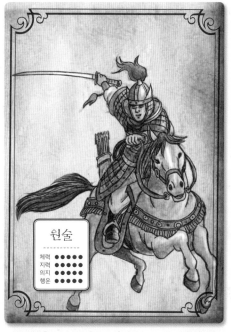

원술

체력 ●●●●●
지력 ●●●●●
의지 ●●●●●
행운 ●●●●●

나는 　　　 의 부흥 운동 때 활약했어요. 그러나 적은 외부에 있지 않고 내부에 있다고 누가 말했던가요? 부흥군 내부에서 분열이 일어나 나는 안승에게 살해당했어요. 부흥의 꿈도 멀어졌지요. 129쪽

③

내 아버지 　　　은 내가 전투에서 당나라군에게 진 후, 나와 부자의 연을 끊었지요. 몇 년 뒤 나는 다시 당나라군과 싸워 큰 승리를 거뒀어요. 매소성 전투에서 말이지요. 이렇게 나는 내 아버지를 넘어섰어요. 131쪽

④

2 사건 노트의 빈칸을 채우세요.

순서에 맞게
번호를 매기세요!

No. _____

○사건 현장 : 기벌포

○주요인물 : 문무왕, 신라군,
　　　　　　당나라 수군 등

○발생 : 676년

○배경 : 당나라의 반격과 신라의 대응

○결과 :

131쪽

No. _____

○사건 현장 : 평양성

○주요인물 : 연개소문의 세 아들,
　　　　　　문무왕 등

○발생 :

126~129쪽

○배경 : 고구려 내분, 나·당 연합군
　　　　침입

○결과 : 고구려 멸망

130~131쪽

No. _____

○사건 현장 : [ ]

○주요인물 : 원술, 문무왕, 김인문,
　　　　　　당나라 황제 등

○발생 : 675년

○배경 : 당나라의 한반도 장악
　　　　야욕에 신라 선제공격

○결과 : 신라 승리, 나·당 전쟁의
　　　　주도권 차지

No. _____

○사건 현장 : 황산벌

○주요인물 : 계백, 김유신, 반굴,
　　　　　　관창, 소정방 등

○발생 : 660년

○배경 : 백제 위기, 나·당 연합군의
　　　　침입

○결과 :

121~122쪽

나라별로 같은 색으로 칠해 보세요.

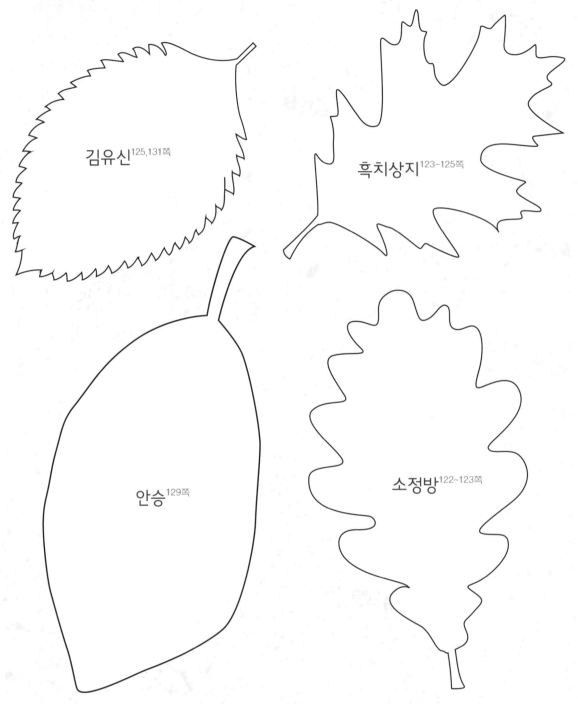

김유신[125,131쪽]

흑치상지[123~125쪽]

안승[129쪽]

소정방[122~123쪽]

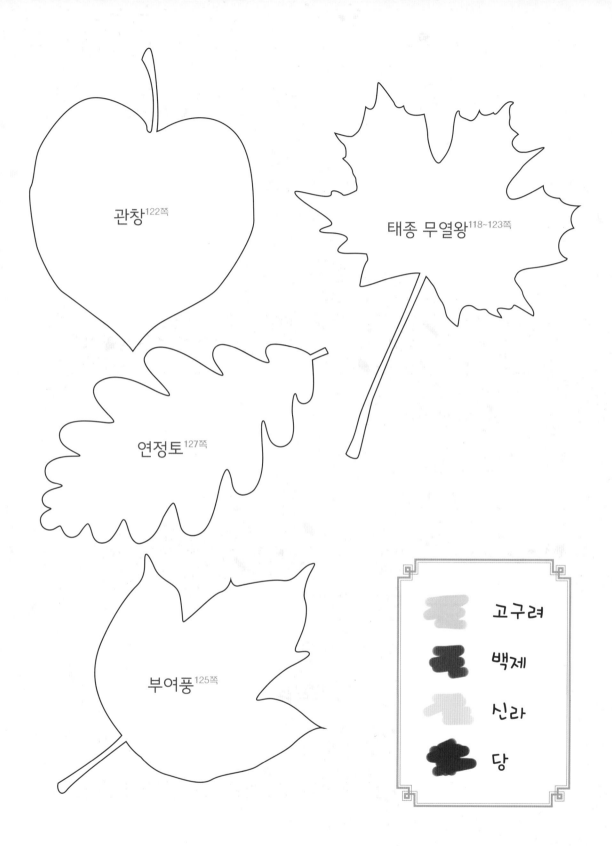

관창^{122쪽}

태종 무열왕^{118~123쪽}

연정토^{127쪽}

부여풍^{125쪽}

고구려

백제

신라

당

이제는 말할 수 있다

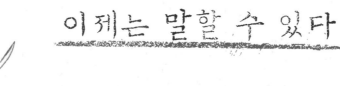

신라 땅을
당나라에 뺏길지도 모른다는 생각은
하지 않았는지요?

그런 생각을 안 한 건 아닙니다.
설사 그런 일이 벌어져도 신라가 싸워
이길 수 있다고 믿었던 거지요.
결국 그렇게 되었고요.
물론 신라가 당나라 힘을 빌린 것이
잘못되었다고 말하는 사람도 있지요.

전격 인터뷰
태종 무열왕

하지만!

질문을 읽고 답해 보세요.

1 왼쪽 만화에서 '하지만' 다음에 이어질 말은 무엇일까요?

2 신라가 나서서 삼국 통일을 하지 않았다면 어땠을까요?

3 태종 무열왕의 삼국 통일에 대해 평가해 보세요.

5 삼국 통일 전쟁에서 활약한 사람에게 상을 준다면?

공 로 상

성명 _____

위 사람은 _____

_____

_____

_____ 하였으므로, 상장을

수여합니다.

년   월   일

_____ 드림

6 우리가 유물을 공부하는 이유를 생각해 보세요.

오리 모양 토기

이 토기는 죽은 사람의 무덤에 묻는 '껴묻거리'라고 추정됩니다. 옛사람들은 새가 죽은 사람의 영혼을 하늘로 데려가 준다고 믿었대요.

말 탄 사람 토기

이 토기는 옛 신라 땅에서 발견됐어요. 그 시대, 그 나라 사람들이 어떤 복장을 했거나, 하고 싶어 했는지 대략 짐작해 볼 수 있어요.

우리가 유물을 공부하는 이유는 ＿＿＿＿＿＿＿＿＿＿＿

＿＿＿＿＿＿＿＿＿＿＿＿＿＿＿＿＿＿＿＿＿＿＿＿＿＿

＿＿＿＿＿＿＿＿＿＿＿＿＿＿＿＿＿＿＿＿＿＿＿＿＿＿

8장 | 남북국 시대

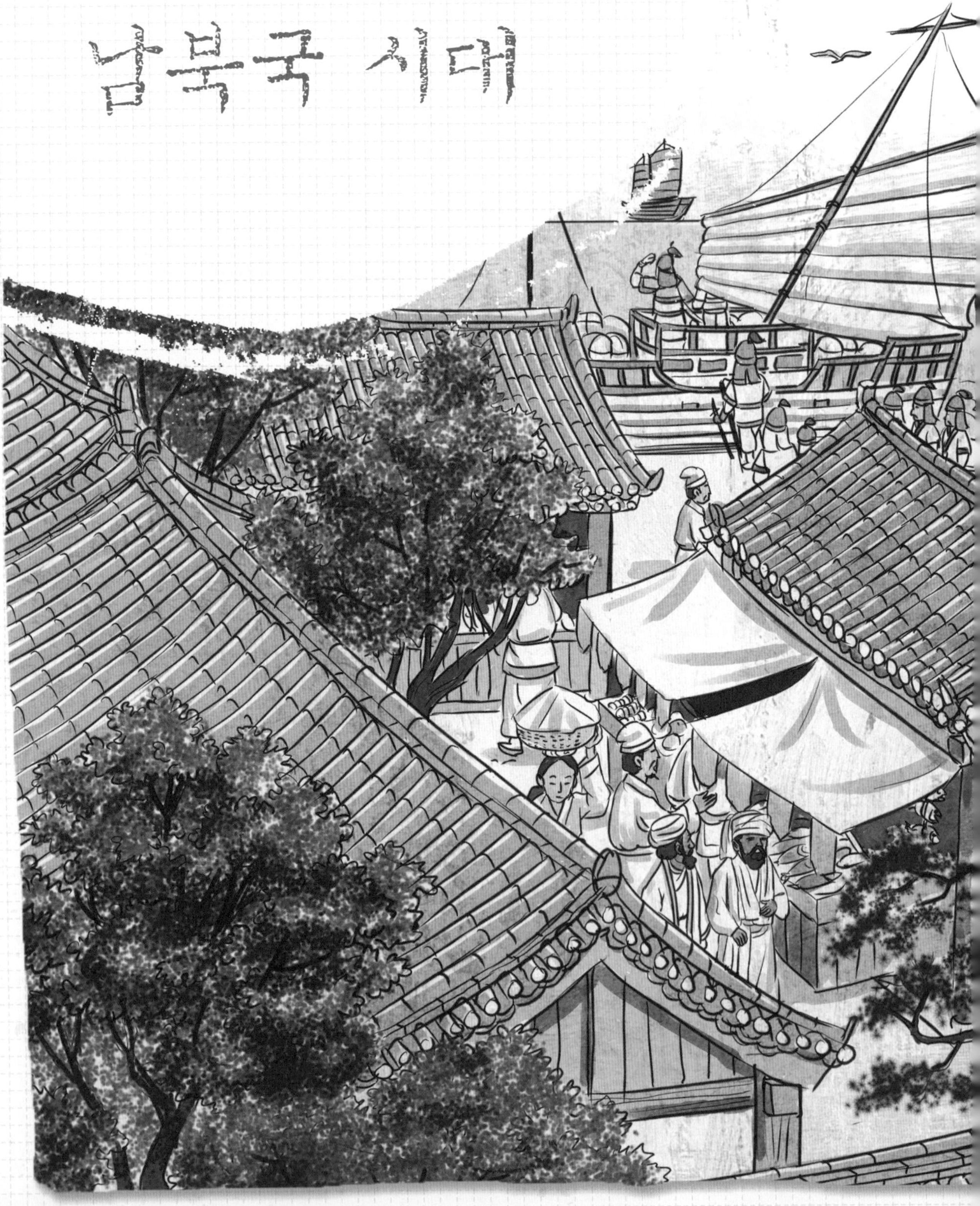

1 틀린 곳을 찾아 밑줄을 긋고 바르게 고쳐 보세요.

1 신문왕은 전국을 9주 5소경으로 나누고 국립 교육 기관인 '국자감'을 설립했어요. 134~135쪽

2 장보고는 진도에 '진'을 설치하고 군사를 훈련시켰어요. 140쪽

3 발해의 문왕은 당나라를 본떠 '6성 3부제'라는 중앙 통치 기구를 만들었어요. 147쪽

4 발해는 고구려 사람들과 당나라 사람들이 어울려 사는 다민족 국가였어요. 148쪽

2 사진에 어울리는 열쇳말을 하나씩만 고르세요.

① 137~138, 152쪽

말갈족

김대성

대조영

해동성국

◀•••

의상 대사

격구도

유교

일본길

•••▶

② 137~138쪽

150쪽

③

원효 대사

다보탑

세계문화유산

당나라

◀•••

3 빈칸을 채워 보세요.

685년, _____ 이 통일신라의 왕이 되었어요. 그는 넓어진 나라를 다스리기 위해 전국을 9주 5소경으로 나누고 왕권에 도전하는 귀족 세력을 억눌러 나라를 안정시켰지요. 134~135쪽

① 신문왕

727년, 혜초 스님은 인도 순례를 마치고 돌아와 『왕오천축국전』을 펴냈어요. 8~9세기에 걸쳐 신라는 동아시아뿐 아니라 지구 저편 서쪽 _____ 세계와도 교류했어요. 135쪽

③

600년

700년

698년, 고구려 유민들과 말갈족이 손을 잡고 발해를 세웠어요. _____ 시대가 열렸어요. 143, 145쪽

②

751년 공사를 시작한 석굴암은 통일신라 시대의 대표 문화유산이에요. 수많은 절과 불상이 만들어졌고, 원효 대사, 의상 대사 같은 인물이 등장했어요. 통일신라는 _____ 문화가 발달한 나라였어요. 137쪽

④

841년, 해상왕 _____ 는 신라 왕실로부터 배신을 당하고 죽고 말아요. 이 시기 통일신라는 왕권 다툼이 극심했고, _____ 또한 이 싸움에 휘말렸던 거예요.

140~142쪽

⑥

916년, 당나라를 멸망시키며 힘이 세진 _____ 이 나라를 세웠어요. 이후 거란국은 호시탐탐 발해를 넘봤어요. 926년, 발해는 결국 거란국에 의해 멸망했어요. 150~151쪽

⑦

800년

900년

818년, 발해 선왕이 왕위에 올랐어요. 점점 번성해 가는 발해는 _____ 이라는 별명을 얻었어요. 발해는 5가지 교통로로 여러 문화를 받아들였고, 이 덕분에 다양한 문화가 한데 어울리는 나라가 됐지요.

147~149쪽

⑤

국경을 넘어, 바다를 넘어

발해는 여러 민족으로 이루어진
다민족 국가였어요. 그런데다 다른 나라와 활발히
교류한 덕에 고구려, 말갈, 중앙아시아, 시베리아의
문화까지 다양한 문화가 발해에서 어우러졌지요.
특히 도읍인 상경 용천부로 통하는 길들은
문물 교류에 큰 역할을 했어요.

신라도 외국과의 교류가 활발했어요.
특히 당나라에는 공부하러 가는 유학생과
승려를 비롯해 많은 상인들이 오고 갔지요.
일본과도 활발히 무역을 했고
지구 저편 서쪽에서 이슬람 상인들도
들어왔답니다.

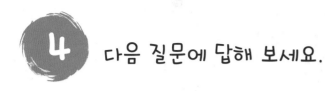

4 다음 질문에 답해 보세요.

1 발해가 당나라, 신라 등 여러 나라와 교류한 까닭은 무엇일까요?

2 나라와 나라가 교류할 때 필요한 조건에는 무엇이 있을까요?

3 두 사람의 대화를 상상해 보세요.

5 장보고의 마음으로 유언장을 써 보세요.

유 언

84☆년, 청해진에서, 장보고. 張

6 내 마음 가는 대로 전설을 만들어 봐요.

❖ 동네에서 마음에 드는 장소를 하나 골라 그 장소에 어울리는
   전설을 상상해 보세요.

전설의 대상 또는 장소 :

전설 속 인물 :

전설 내용 :

9장 |
후삼국 시대

1 미로를 탐험해요.

출발

골품제에서 6두품 이하는 진골 귀족 차지였습니다. 156쪽

아니오

예

견훤은 900년 완산주를 도읍으로 정하고 나라를 세웠는데, 나라 이름을 백제라 지었습니다. 159쪽

아니오

예

후백제군과 고려는 고창 전투에서 격전을 벌였고, 여기서 후백제군이 크게 승리했습니다. 166~167쪽

예

아니오

출발로
돌아가세요.

아니오

지방의 실력자로서 스스로 성주라 칭
하고, 도적들까지 받아들여 군사를 키
우는 자를 '호족'이라 불렀습니다. 157쪽

예

궁예는 신라에 반기를 들고 나라
를 열었는데 그 이름을 '고려'라
지었습니다. 161쪽

아니오

예

아니오

예

나는 역사 왕!

도착

936년, 왕건은 후백제를 향해 출병
했고, 신검이 항복해서 후삼국의 혼
란도 막을 내렸습니다. 170쪽

예

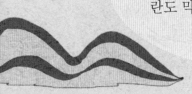

2 달 그림 빈칸에 어울리는 번호를 쓰세요.

보기

① 935년, 견훤이 넷째 왕자 금강을 태자에 책봉하자, 첫째아들 신검이 반기를 들었습니다. 이에 견훤은 고려로 귀순했습니다. 167~168쪽

② 903년, 궁예의 장수가 된 왕건은 뛰어난 전략으로 경기도와 충청도를 휩쓸고, 금성까지 차지했습니다. 161쪽

③ 918년 왕건은 군사를 이끌고 궁예의 궁궐로 쳐들어갔습니다. 이 소식을 들은 궁예는 평민 옷을 입고 궁궐을 빠져나갔다가 백성들에게 들켜 살해당했습니다. 163쪽

④ 936년, 왕건은 후백제를 향해 출병했고, 고려군의 추격이 계속되자, 신검은 동생들과 신하들을 데리고 항복해 왔습니다. 170쪽

후삼국 통일이 둥그런 보름달이라면

고려건국

후삼국 통일

나라는 하나, 생각은 따로따로

 질문에 답해 보세요.

1 천 년 가까운 역사를 자랑하는 신라가 위기에 빠졌어요.
신분에 따라 누가 어떤 생각을 하고 있는지 설명해 보세요.

2 가장 큰 잘못은 누구에게 있을까요?

3 나라가 큰 위기에 빠졌을 때, 우리가 할 수 있는 일은 무엇이 있
을까요?

인물을 한 명 골라 편지를 써 보세요.

자기를 미륵이라 한
궁예

고려를 세운
왕건

아들과 등을 돌린
견훤

5 정치인에게 편지를 써 보세요.

❖ 통일신라 말부터 후삼국 탄생까지 상황을 돌아보고 이 내용을
　꼭 알려 주고 싶은 우리나라 정치인을 한 사람 골라 편지를 써 보세요.

새 메일
받는 사람 :
제목 :

선사 시대에는 무슨 일이 있었을까

1 1장

1 ① 떤 ② 간 ③ 움집 ④ 사냥 ⑤ 불 ⑥ 씨족

2 구석기 시대 ② 떼석기
  신석기 시대 ① 움집 ③ 반구대 암각화 ④ 간석기 ⑤ 빗살무늬 토기

3

구석기 시대 사람들의 삶

신석기 시대 사람들의 삶

4 ① ②
  ② **생각열쇠** 둘 이상의 대상을 견주어 볼 때는 비슷한 점과 차이점을 생각해 봐야
  하지요. 고고학자와 역사학자는 인류의 과거를 연구한다는 점에서 비슷하지만, 연

구하는 대상과 자료가 다르다는 점에서 차이가 있어요. 선사 시대 유물은 벽화·화석·토기 같은 것들이, 문자로 기록된 역사 시대 유물은 실록·비석·편지 등이 있지요. 예 고고학자는 문자가 없던 선사 시대의 유물, 예를 들면 <u>공룡의 발자국을 통해 그 공룡의 특성을 연구한다</u>. 역사학자는 문자로 기록된 역사 시대의 유물, 예를 들면 <u>『삼국사기』를 통해 당시 사람들의 생각이나 생활을 연구한다</u>.

❸ 생각열쇠 역사학자가 명예나 이익을 위해 연구 내용을 조작하거나 거짓으로 발표하면 어떤 일이 벌어질까요? 이 또한 역사 연구로 평가받을 수 있는 것일까요? 예 연구를 통해 알아낸 사실에 대해 거짓말을 하면 안 된다. 왜냐하면 역사학자 한 사람의 거짓말은 온 나라, 때로는 전 세계를 혼란에 빠뜨릴 수도 있기 때문이다.

5 생각열쇠 구석기 시대에는 문자가 없었어요. 그러니 그림으로만 표현해 보세요. 새로운 동굴을 찾아 이사를 가는 날이라면? 난생처음 사과나무를 발견한 날이라면? 불씨 피우는 법을 처음 배운 날이라면? 어떤 느낌일지 말이에요.

6 생각열쇠 신석기 사람들의 의식주는 다른 시대와 어떻게 달랐는지 생각해 보세요. 예 간석기, 화덕, 토기, 움집은 모두 신석기 시대에 잘 어울린다. 그런데 뒤쪽에 세워진 도구 중 칼은 어울리지 않는다. 아직 간석기로 만든 창이나 짐승 뼈를 갈아 만든 낚시 도구를 사용하던 시절이기 때문이다.

2장 청동기 시대, 첫 나라가 열리다

1 1 청동거울 2 농경무늬청동기 3 비파형 동검 4 반달돌칼
5 세형 동검 6 탁자식 고인돌 7 마제석검

2 <u>고조선은 우리 역사 속 첫 나라입니다. 단군왕검은 기원전 2333년 도읍을 평양</u>
<u>성으로 정하고 고조선을 세웠습니다. 고조선은 농업을 중시하는 나라였어요.</u>

3 1 노동력 2 사유재산 3 신분

4 ❶ 청동기 시대 여러 부족이 서로 경쟁하면서 하나의 세력으로 통합되어 갔어
요. ❷ 고조선에 철기가 들어왔어요. 준왕은 중국 땅 연나라와 똑같이 왕이라는
칭호를 쓰기 시작했어요. ❸ 한나라 사람 위만이 상투를 틀고 조선 옷을 입은 채
준왕을 찾아왔어요. ❹ 위만이 왕이 된 후 고조선은 더욱 강력해졌어요. ❺ 한나
라가 고조선을 공격해 오자 조정이 내분으로 시끄러워졌어요. ❻ 고조선 멸망
후 한나라는 군현 4개를 설치했어요.

5 **생각열쇠** 옛사람들은 가뭄, 홍수, 지진, 해일처럼 인간의 힘으로 어찌할 수 없는
재해에 꼼짝없이 당해야 했지요. 사람들은 그 두려움을 이겨 내기 위해 위대하
고 강력한 힘을 지닌 신을 믿기 시작했어요. 그러면 신화는 옛사람들의 상상력
이 만들어 낸 완전히 터무니없는 이야기일까요? 그렇지 않아요. 신화를 잘 살펴

보면 그 시대 생활 모습을 파악할 수 있으니까요. 그러니 우리가 신화를 듣고 읽으며 즐길 때 그 이야기가 무엇을 의미하는지 상상해 보는 일이 중요해요. 예 주몽은 알에서 태어났다고 한다. 정말일까? 나는 그것이 '알은 남자아이'라는 단순한 사실을 드러내는 것인지도 모르겠다는 생각이 들었다. 태어날 때 별로 다를 게 없는 여자와 남자의 몸에 드러난 가장 큰 특징을 따서 말이다. 그러니까 옛날에는 남자아이가 태어나면 '알이요!'라고 외쳤을지도 모른다. 그러니 주몽이 크고 이상한 알에서 태어났다는 건, 남자아이이긴 한데 어딘가 특별했다는 뜻이 아닐까 추측해 본다.

6 **생각열쇠** 여러 사람이 어울려 살 때 필요하다고 생각되는 약속이 있나요? 질서 있는 사회를 만들기 위해 꼭 필요한 약속 다섯 가지를 추려 나만의 8조법을 완성해 보세요. 예 가족을 때린 자는 나라에서 쫓아낸다. 부모를 잘 보살피지 않는 자는 50대를 때리고 부모의 재산을 상속받지 못하게 한다. 다른 사람을 속인 자는 곡식으로 갚는다. 전쟁에서 도망친 자는 왕의 노비로 삼는다. 만약 죄를 면하려면 50만 전의 돈을 내야 한다. 동물을 괴롭히면 징역 30년에 처한다.

7 **1** **생각열쇠** 곱슬머리, 수다쟁이, 팔씨름 왕중왕, 반 대표 달리기선수…… 신체 특징·성격·장기·소원 등 무엇이든 좋아요. 나를 가장 잘 표현해 줄 수 있는 점을 떠올려 보세요.
2 **생각열쇠** 자유롭게 상상해 보세요. 신화는 사실이라고 믿기 어려운 부분이 많다는 것, 잊지 말고요. 예 아이가 태어났는데 유난히 몸집이 작았다. 그래서 친구들에게 자주 놀림을 받았다. 어느 날 산에 살던 도사님이 아이를 찾아와 '너는 신의 아들'이라고 말했다. 그 후 아이는 갑자기 키도 쑥쑥 자라고 힘이 세져 자기뿐 아니라 약한 아이들을 도와주게 됐다.

철기 시대의 여러 나라
-연맹 왕국의 등장

1 1 2 ① 부여, ㄷ ② 고구려, ㄹ ③ 옥저, ㄱ ④ 동예, ㅁ ⑤ 삼한, ㄴ

2 부여 귀족회의, 영고　고구려 산, 계곡　옥저 민며느리　동예 책화, 무천
삼한 고조선, 저수지, 철

3 생각열쇠 나라별 특징을 떠올려 보세요. 어느 나라에서 사느냐에 따라 하는 일
이 달라질 수 있어요. 나라별 특성을 고려해 어떤 직업을 갖고 살고 싶은지 구체
적으로 상상해 보세요. 예 부여에서 목축을 하며 살고 싶다. 나는 털로 덮인 동
물을 좋아하기 때문에 목축을 하며 동물들과 어울려 지내면 즐겁게 살 수 있을
것 같다.

4 생각열쇠 원래 노랫말 글자 수에 맞춰 바꿔야 노래 부르기가 쉬워요. 가사가 넘
치면 맨 처음 마디로 돌아가 2절을 이어 가요. 예 만주 벌판 신나게 달려가 보자
/ 넓은 평야 펼쳐진 부여 땅을 만나네 / 말달리며 전쟁하는 고구려 사람 / 옥저
동예 부족회의 나랏일 하고 / 남쪽으로 달려가면 삼한이 있네 / 고조선 이어 간
선조들이 보인다

4장 삼국의 탄생과 고대 국가로의 발전

1 ① 고구려 ② 백제 ③ 신라 ④ 가야

2 ① 소수림왕 ② 고이왕 ③ 지증왕

3 ① 생각열쇠 세 건국 신화의 공통점은 대부분의 건국 신화가 지닌 공통점이랍니다. 각 신화 속 시조들이 보통 사람과 다른 점을 찾아보세요. 예 시조가 모두 알에서 태어났다. 즉 보통 사람과 달리 특별한 방법으로 태어났다.
② 생각열쇠 백제의 건국 과정을 참고해 추론해 보세요. 예 백제를 세운 온조는 고구려 주몽의 아들이라는 정확한 사실이 알려져 있다. 그래서 하늘의 아들이라거나 알에서 태어났다고 말하기가 어색하다.

4 ① 생각열쇠 태학을 세운 고구려의 소수림왕, 백제를 처음 세운 온조왕, 율령을 반포한 법흥왕 등 여러 인물을 떠올려 보세요.
② 생각열쇠 왕이 한 일 중 특별한 내용을 찾아 적으면 오래 기억할 수 있어요. 왕의 모습도 상상해 그려 보세요. 예 위 사람은 고구려의 소수림왕입니다. 소수림왕은 전쟁으로 영토를 넓히는 것보다 백성들을 잘살게 하는 게 더 중요하다고 생각했어요. 또 인재를 키워 나라를 재정비하는 데도 힘을 기울였어요.

5 생각열쇠 나라별 특징을 생각해 그 내용과 관련된 경험을 하면 더 의미 있는 여행이 될 거예요.

예

🗵 시간 여행 계획서 🗵

때 1700여 년 전 어느 해 화창한 여름

곳 신라 – 고구려 – 백제 – 가야 일주

목적 먹고 놀고 즐기기. 또 여러 나라를 돌며 가족에게 선물할 기념품 사기. 신라에서는 금반지를 엄마 선물로 사야지. 고구려에서는 말 장신구를 사서 동생에게 말 인형을 꾸며 주라고 하고. 가야에서는 철로 만든 칼을 사서 아빠와 검술 시합을 해야지. 또 나라별 축제에도 참여할 거야. 무엇보다 각 나라 음식이어떻게 다른지 꼭 먹어 보고 일기에 써 두겠다.

준비물 일기장, 필기구, 손목시계, 화폐로 사용할 돌반지, 모자, 씩씩한 마음

주의사항 모든 일정을 마치고 아침 7시가 되기 전에 돌아온다.

5장 삼국의 치열한 경쟁과 팽창

1

		㉠천		㉢청				
		도		천		㉞첨		
	㉠광		⑤한	강		⑥성	골	
	개			②살	수	대	첩	
	토		㉡칠					
	①대	막	리	지		③안	시	성	㉣성
	왕			④도	림			왕

2

3 **1** 생각열쇠 백제의 전성기를 연 근초고왕·무령왕과 고구려의 전성기를 연 장수왕은 나라를 어떻게 다스렸나요? 예 전성기에는 나라 땅이 넓었다. 그만큼 다른 나라와 전쟁을 해서 많이 이겼다는 뜻이다. 또 그 덕분에 백성들의 삶이 안정되었다.

2 생각열쇠 **1**에서 답한 전성기 시대를 신라 땅에서 일군 것은 누구일까요? 『스토리텔링 초등 한국사 교과서』 1권 92~96쪽을 다시 한 번 살펴보세요. 답 진흥왕

3 생각열쇠 우리 삶에 필요한 여러 가지 조건을 생각해 보세요. 예 어느 정도 영토를 확보하고 그 영토를 지킬 수 있는 힘이 있어야 한다. 귀족들이 권력 다툼에 돈과 시간을 낭비하지 않도록 강한 지도력으로 다스려야 한다. 사회에서 가장 약한 사람들의 목소리에 귀를 기울여야 한다. 그 사람들의 바람을 이루려면 어떻게 해야 하는지 열심히 고민해야 한다.

4 생각열쇠 왕의 특징 또는 업적은 무엇인가요. 왕의 개성이 잘 드러나도록 별명을 붙여 보세요.

예 나라 이름, 왕 이름	별명	왜 이런 별명을 붙였나요?
고구려 장수왕	땅부자왕	고구려 역사에서 가장 넓은 땅을 차지했으니까
백제 근초고왕	이것저것 다 잘해왕	영토 확장, 외교 등 여러 가지 잘한 일이 많아서
백제 무령왕	백성 돌보미왕	백성이 잘사는 나라를 만들려고 노력해서

5 **생각열쇠** 광고를 보고 다른 친구들이 캠프에 참여하고 싶은 마음이 들도록 꾸며 보세요. 캠프의 이름·목적·대상·활동 등 캠프에 대한 기본 정보는 당연히 들어가야겠지요.

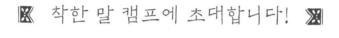

예

🕳 착한 말 캠프에 초대합니다! 🕳

착한 말 하고 싶은 사람

예쁜 말 하고 싶은 사람

말로 천 냥 빚 갚고 싶은 사람

모두 모여라

욕하기 싫은 사람

다투기 싫은 사람

모두 모여라

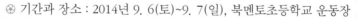

❀ 기간과 장소 : 2014년 9. 6(토)~9. 7(일), 북멘토초등학교 운동장

❀ 이런 일을 해요 : 착한 말 사전 만들기, 캠프파이어, 토론 대회

❀ 착한 말 캠프, 초등학생이면 누구나 참가할 수 있습니다

❀ 캠프에 대해 자세한 내용은 인터넷 홈페이지에서 확인하세요

6장 삼국의 불교와 문화

1 ① × ② × ③ × ④ × ⑤ ○ ⑥ × ⑦ ○

2 ① 백제 ② 고구려 ③ 신라 **3** 불교

4 **생각열쇠** 개인적인 소원을 이뤄 주는 불상도 좋고, 세상을 위해 큰일을 해 줄 수 있는 불상도 좋아요. 어느 쪽이든 자유롭게 생각해 보세요. ⑩ 쑥쑥보살상. 키 작은 어린이들의 고민을 들어주고 키를 키워 주는 불상. 손에 작은 젖소 모형을 들고 있다.

5 **생각열쇠** 책에서 읽은 두 나라의 문화 교류 역사를 일본 친구에게 들려주세요. 단, 일본에 대한 내 감정이 좋지 않다고 무조건 일본을 나쁘게 말하면 곤란해요. ⑩ 안녕? 나는 한국에 살고 있는 초등학교 5학년 최연희야. 요즘 내가 역사책을 읽다 보니까 일본과 한국이 옛날에는 지금보다 더 가까웠던 것 같아. 특히 고구려·백제·신라 중에서 백제와는 아주 많이 가까웠나 봐. 연합해서 전쟁을 치르기도 하고 많은 문물과 사람들이 오고 가며 사이좋게 지냈대. 삼국 시대 때 한반도에서 일본으로 불교를 비롯해 여러 문화가 전해졌다는 거 너는 알고 있었니? 그렇게 가깝던 두 나라가 지금은 사이가 나빠진 것 같아서 속상하다. 독도나 역사 왜곡 문제로 자꾸만 다투는 것도 안타깝고. 우리 어린이들이라도 가깝게 지내면 좋겠다. 그런 날이 빨리 오길 바랄게. 안녕.

7장 삼국 통일 전쟁

1 ① 황산벌 ② 해동의 증자 ③ 고구려 ④ 김유신

2

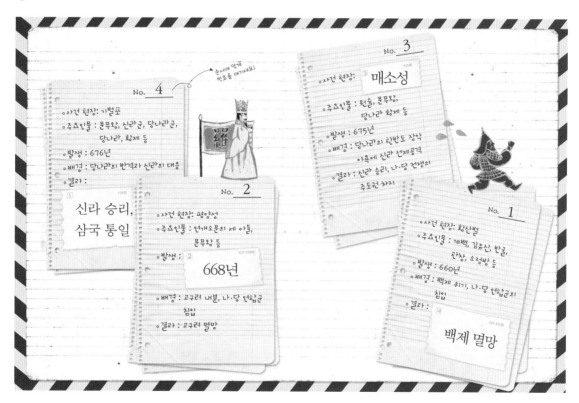

3 ▨ 고구려   안승, 연정토

▨ 백제   흑치상지, 부여풍

▨ 신라   김유신, 관창, 태종 무열왕

▨ 당   소정방

4 **1 생각열쇠** 신라의 삼국 통일은 고구려 땅의 반 이상을 잃은 점, 당나라의 힘(외세)을 끌어들인 점 때문에 부정적인 평가를 받기도 해요. 이 평가에 대해 태종 무열왕은 어떻게 대답할지 생각해 보세요. 예 하지만 나는 그때 신라가 나서지 않았다면 고구려, 백제가 당나라에 의해 멸망했을 거라고 봅니다. 그렇게 되면 신라도 온전히 지킬 수 없었을지도 모릅니다. 난 내가 한 일이 자랑스럽습니다.

2 생각열쇠 나·당 연합군이 침략할 당시, 백제와 고구려의 상황은 어땠나요? 『스토리텔링 초등 한국사 교과서』 1권 118쪽, 125~127쪽을 참고해서 두 나라의 미래가 어떻게 되었을지 상상해 보세요. 예 백제는 의자왕이 정치를 제대로 하지 못했고, 고구려도 연개소문 아들들의 권력 다툼이 심해 나라가 엉망이었다. 신라와 당나라가 그때 공격하지 않았다 해도 백제와 고구려는 오래가지 못했을 것이다.

3 생각열쇠 '훌륭했다', '별로 인정해 주고 싶지 않다' 어느 쪽도 좋아요. 단 그렇게 평가하는 근거를 말할 수 있어야 해요. 예 어떤 나라든 크고 강력해지길 원하고 노력하는 것은 당연하다고 생각한다. 신라만의 힘으로 통일을 이루지 못한 것은 아쉽지만 그것도 하나의 방법이었다고 생각한다.

5 **생각열쇠** 상장에는 그 상을 수여하는 이유가 드러나지요. 내가 선택한 인물이 삼국 통일 과정에서 어떤 역할을 했는지 명확히 써 보세요.

(예)

공 로 상

성명 : 관창

위 사람은 <u>화랑으로서 신라가 삼</u>
<u>국 통일을 위해 백제와 황산벌에서</u>
<u>전투를 벌일 때 신라군의 사기를</u>
<u>올리는 데 큰 역할</u>을 하였으므로,
상장을 수여합니다.

2014년 8월 30일

김창만 드림

6 **생각열쇠** 남길 유(遺), 물건 물(物), 두 한자 뜻이 가르쳐 주듯이, 유물이란 옛사람들이 남긴 물건을 말해요. 누가, 언제, 왜, 어떤 물건을 사용했는지를 돌아보는 이유가 무엇인지 생각해 보세요. 힌트는 두 토기에 대한 설명 속에 있답니다.
(예) 우리가 유물을 공부하는 이유는, <u>옛사람들의 삶과 마음을 보다 구체적으로</u>
<u>상상하고 이해할 수 있기 때문이다.</u>

8장 남북국 시대

1 ① 국자감 ⋯ 국학 ② 진도 ⋯ 청해 ③ 6성 3부제 ⋯ 3성 6부제 ④ 당나라 ⋯ 말갈

2 ① 김대성 ② 의상 대사 ③ 당나라

3

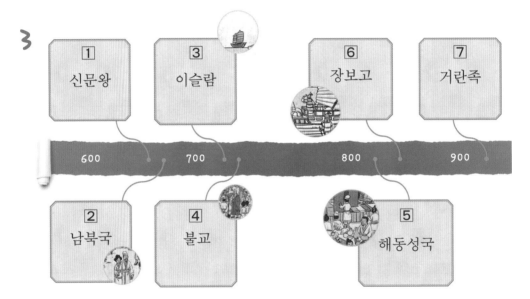

① 신문왕 ③ 이슬람 ⑥ 장보고 ⑦ 거란족

600   700   800   900

② 남북국 ④ 불교 ⑤ 해동성국

4 **■ 생각열쇠** 발해가 다른 나라와 교류를 해서 얻은 이익은 무엇일까요? ㈜ 다른 나라와 전쟁을 해서 승리하면 영토를 넓힐 수도 있지만 그렇게 되면 백성들의 생활은 힘들고 불안해질 수 있다. 대신 교류하면서 가깝게 지내면 전쟁 위험도 막고 여러 가지 문물 교류를 통해 문화·경제 발전에 도움이 된다.

② 생각열쇠 만화를 보고 발해가 대외 교류를 활발하게 할 수 있었던 까닭을 생

각해 보세요. 만화 속에 등장하지 않는 조건을 찾아도 좋아요. 예 교통이 편리해야 한다. 여러 문화를 편견 없이 받아들이는 마음이 필요하다. 국력이 강해야 한다.

❸ 생각열쇠 제시된 의견에 동의할 수도 반대할 수도 있어요. 단, 그렇게 생각하는 근거를 분명히 들어야 해요. 예 앞선 문화를 받아들이는 것은 좋아. 하지만 무조건 받아들이고 보자는 건 무책임해. 신중하게 생각해서 받아들이고 또 우리 문화 속에 잘 녹여 내야 해. 그래야 우리 문화도 지킬 수 있지.

5 생각열쇠 '유언'은 죽음을 앞두고 남기는 말이에요. 후손에게 남기고 싶은 마지막 충고·부탁·지시 같은 것을 주로 담고 있지요. 장보고가 어떤 삶을 살았는지 생각해 보고 어떤 충고나 부탁, 지시를 하고 싶을지 적어 보세요. 예 후손들에게 남긴다. 나는 내 나라 신라가 잘됐으면 좋겠다는 마음으로 살았다. 그렇게 되는 데 힘을 보태 나 또한 성공하고 싶었다. 하지만 뜻대로 이루지 못하고 세상을 떠나게 되었다. 후회도 많지만, 준 만큼 보답받지 못한다고 나라에 피해를 주는 사람이 되어서는 안 된다. 오늘 던진 칼날이 내일은 부메랑이 되어 돌아올지 모르니 말이다. 너희는 벼슬에 욕심내지 말고 하루하루 만족하는 삶을 살거라. 마지막으로 내가 지켜 온 청해진을 너희들이 잘 지켜 주길 바란다.

6 생각열쇠 주변을 돌아보세요. 특이하게 생긴 나무나, 산, 꽃, 학교 등 무엇이든 소재가 될 수 있어요. 예 전설의 대상 또는 장소 뒷산 바둑이 바위 전설 속 인물 한 아이와 바둑이 전설 내용 아버지와 둘이 사는 아이가 있었다. 우연히 바둑이 한 마리를 키우게 되었다. 어느 날 산에 올라갔던 아이가 절벽에서 떨어져 죽었다. 그 후 강아지는 아이가 떨어진 절벽 앞에서 아이를 기다리다가 바위가 되었다.

9장 후삼국 시대

1

2

②　③　고려건국　①　④　후삼국 통일

3

1 생각열쇠 만화 속 사람들의 마음을 되짚어 보세요. ㉠ 왕은 나라를 잘 다스릴 생각은커녕 놀 생각만 한다. 신분 제도 때문에 벼슬을 하지 못하는 6두품은 불만이 커져 있다. 농민들은 너무 높은 세금 때문에 지쳐 있다.

2 생각열쇠 정답은 없어요. 자신이 생각하는 가장 큰 잘못은 누구에게 있는지 생각해 보세요. ㉠ 진골 귀족이 제일 잘못하고 있다. 세금을 걷어 자기들 재산만

불리고 6두품에겐 벼슬자리조차 주지 않고 있다. 왕이 상황을 제대로 알 수 있도록 알려야 하는데 그러지도 않았다.

❸ 생각열쇠 아무리 작은 슬기라도 여럿이 모으면 큰 힘을 발휘할 수 있어요. 내가 실천할 수 있는 작은 일부터 찾아보고, 가까운 사람들을 도와 어떤 일을 할 수 있을지 생각해 보세요. **예** 각자 맡은 일을 성실히 해야 한다. 나도 내 역할을 하면서 어른들을 도와 위기에서 벗어나도록 노력해야 한다.

4 **생각열쇠** 후삼국 통일 과정에서 가장 인상 깊었던 인물은 누구인가요? 그 사람을 만난다면 무엇을 질문하고 싶나요? 마음 가는 대로 편지를 써 보세요. **예** 궁예 님, 안녕하세요? 저는 늘 궁금했어요. 궁예 님 눈은 왜 한쪽이 가려져 있는지. 이번에 역사를 공부하다 보니 슬픈 사연이 있어서 깜짝 놀랐어요. 잔인한 사람이었다고 하지만 궁예 님은 그 눈 때문에 늘 더 많은 사랑을 받고 싶었던 게 아닐까, 그런 생각이 들었어요. 이제 부디 편안해지시길 빌게요. 안녕히 계세요.

5 **생각열쇠** 말기 통일신라는 "속이 곪을 대로 곪아" 있는 사회였다고 해요. 이게 무슨 뜻일까요? 상처에 고름이 생기는 걸 곪는다고 해요. 통일신라 사람들은 어떤 면에서 상처를 입고 고통스러워 했던가요? 그 시절 이야기를 바탕으로 바른 정치를 당부하는 편지를 써 보세요. **예 받는 사람** 시장님께. **제목** 시장님께 부탁드립니다. **내용** 안녕하세요. 저희 부모님은 시장님 팬이라고 합니다. 그래서인지 저도 시장님이 좋습니다. 시장님, 저는 요즘 우리나라 역사책을 읽고 있습니다. 오늘은 통일신라 말기에 대해 읽었습니다. 거기 보니 왕이나 높은 관리들이 정치는 제대로 하지는 않고 세금만 많이 걷었습니다. 그러다 보니 반란도 많이 일어나고 백성들은 더욱 살기 어려워졌습니다. 오늘날 상황은 여러모로 다르겠지만 시장님 같은 분들이 일을 제대로 안 할 때 우리 같은 시민이 살기 힘들어지는 건 마찬가지일 것입니다. 어른들이 시장님을 믿고 뽑았으니 시장님도 시민들의 믿음을 지켜 주세요.

지은이

이정화 초중고 학생들과 함께 책 읽고, 토론하고, 논술 수업도 하는 선생님입니다. 독서교육 교재를 10년 넘게 집필해 왔으며, 대학원에서 교육심리를 공부했습니다. 더 많은 어린이들과 책 읽기의 즐거움을 나누고 싶어 글을 쓰기 시작했습니다. 지은 책으로『열 살에 배운 법, 백 살 간다』등이 있습니다.

김정화 서울 북쪽 끝 한신초등학교에 재직 중이며 행복한 교실 만들기를 꿈꾸고 있습니다. 역사책은 세상을 떠난 사람들의 목소리를 들려주는 마술 마이크 같은 힘이 있는 게 아닐까 싶어, 이 책을 만드는 동안 역사책 만들기에 푹 빠졌습니다. 역사를 공부하는 어린이들이 사람을 사랑할 줄 아는 어른으로 성장하길 바랍니다.

최이선 서울 등원초등학교에서 선생님으로 일하며 언젠가 학교가 어린이를 위한 진짜 놀이터가 되기를 꿈꾸고 있습니다. 인류의 지혜를 하나하나 되짚어 보는 것이 역사의 재미라고 여기는 선생님은, 이 책으로 전하고 싶은 귓속말이 딱 하나 있습니다. '암기하지 말고 상상력과 호기심을 펼쳐 보자. 그것이 역사 공부니까!'

스토리텔링 초등 한국사 교과서 활동책 ①

선사 시대부터 후삼국 시대까지

1판 1쇄 발행일 2014년 9월 1일 **1판 6쇄 발행일** 2024년 6월 11일
글 이정화, 김정화, 최이선 **그림** 조성덕, 경혜원 **펴낸곳** (주)도서출판 북멘토 **펴낸이** 김태완
편집주간 이은아 **편집** 김경란, 조정우 **디자인** 안상준 **마케팅** 강보람, 민지원, 염승연
출판등록 제6-800호(2006. 6. 13.)
주소 03990 서울시 마포구 월드컵북로 6길 69(연남동 567-11) IK빌딩 3층
전화 02-332-4885 **팩스** 02-6021-4885

 bookmentorbooks.co.kr bookmentorbooks@hanmail.net
 bookmentorbooks__ blog.naver.com/bookmentorbook

ISBN 978-89-6319-107-2　64910
　　　978-89-6319-110-2　64910 세트